AUX ÉLECTEURS,

SUR LE GOUVERNEMENT

DE LOUIS-PHILIPPE IER,

ROI DES FRANÇAIS,

ET

LES PROCHAINES ÉLECTIONS.

PARIS. — IMPRIMERIE DE DONDEY-DUPRÉ,

Rue Saint-Louis, N° 46, au Marais.

AUX ÉLECTEURS,

SUR LE GOUVERNEMENT

DE LOUIS-PHILIPPE Ier,

ROI DES FRANÇAIS,

ET

LES PROCHAINES ÉLECTIONS,

PAR Mr CHAMBELLAN (AINÉ)

NÉGOCIANT, ÉLECTEUR.

PARIS.

DONDEY-DUPRÉ PÈRE ET FILS, IMP.-LIB.,

RUE RICHELIEU, N° 47 *bis*;

DELAUNAY, LIBRAIRE, PALAIS-ROYAL;

MONGIE, LIBRAIRE, BOULEVARD DES ITALIENS.

1831.

AUX ÉLECTEURS,

SUR LE GOUVERNEMENT

DE LOUIS-PHILIPPE IER,

ROI DES FRANÇAIS,

ET

LES PROCHAINES ÉLECTIONS.

Quand l'édifice social, ébranlé jusque dans ses fondemens par une crise terrible, réclame impérieusement le secours de mains qui puissent le raffermir; alors que les esprits se montrent partout inquiets de l'avenir; que tant de passions diverses fermentent et s'agitent autour de nous, tout citoyen aimant son pays a droit d'élever la voix et de signaler à l'attention de ses concitoyens ce qu'il croit le plus propre à ramener parmi eux la paix, le bonheur au dedans, et la sécurité au dehors. Appuyé sur cette grande vérité, fort de mon ardent amour de la patrie, j'use de ce droit imprescriptible que nul citoyen ne peut méconnaître ou dédaigner, sans violer à la fois ses devoirs et trahir son pays.

Une révolution qui étonnera par ses rapides progrès, ses immenses résultats, et ceux qui se chargeront d'en écrire l'histoire et ceux qui la liront, vient de s'accomplir en France. Cette révolution fut légale et légitime, car c'est au nom de la loi et pour la loi qu'elle fut faite ; elle fut glorieuse, car par elle nous a été conservée et rendue plus populaire cette Charte tant de fois jurée, et si souvent violée, pacte précieux sous le régime duquel la France, il faut bien le reconnaître, avait grandi, pendant quinze ans, dans l'étude des droits de citoyen et l'amour des libertés publiques, pacte social que la vieille et rancunière aristocratie aurait dû regarder comme la destruction sans retour de tous ses ridicules préjugés, de toutes ses folles espérances. Mais nous savons tous maintenant s'il en a été ainsi. Un pouvoir aveugle et insensé, jaloux sans doute de ce qu'il appelait notre joie, poussé par une poignée d'ambitieux, d'hypocrites et de fous, osa un jour porter sur ce pacte sacré une main sacrilége, et tenta de le briser dans sa colère impie. Des hommes élevés à l'école de l'OEil-de-Bœuf, que vingt-cinq ans de malheur et d'exil n'avaient pu corriger de leurs prétentions surannées, répétaient journellement aux oreilles d'un vieillard obstiné ces paroles qui font les despotes, mais qui les tuent aussi : *Prince, tout est à vous.* Ils croyaient, les téméraires, que l'épée du *Roi chevalier* était assez puissante pour refouler une grande nation vers le régime du *bon plaisir*, et nous ramener à ces tems de honteuse mémoire, où la volonté d'un méchant ministre et les

caprices d'une infâme prostituée de cour suffisaient souvent pour disposer des biens et de la vie des sujets du roi absolu. Charles X, que son avenue au trône aurait dû convaincre combien il est doux et facile pour un prince de se faire aimer de son peuple, se tourna vers ses courtisans flatteurs, et d'une voix mal assurée prononça : *Je le veux.* Et les courtisans de crier *hosanna!* Mais voilà qu'un peuple libre s'indigne au seul mot d'esclavage : tout fier de son ancienne gloire dont on prétendait le dépouiller en un jour, de sa force et de la justice de sa cause, il court aux armes au cri de liberté, se rue sur son ennemi, et de sa chute pesante écrase tout pêle-mêle, trône, royauté et courtisans. « Ja-
» mais défense ne fut plus juste et plus héroïque que
» celle du peuple de Paris. Il ne s'est point soulevé
» contre la loi, mais pour la loi ; tant qu'on a res-
» pecté le pacte social, le peuple est demeuré pai-
» sible ; il a supporté, sans se plaindre, les insul-
» tes, les provocations, les menaces : il devait son
» argent et son sang en échange de la Charte : il a
» prodigué l'un et l'autre ; mais lorsqu'après avoir
» menti jusqu'à la dernière heure, on a tout-à-coup
» sonné la servitude ; quand la conspiration de la
» bêtise et de l'hypocrisie a soudainement éclaté ;
» quand une terreur de château, organisée par des
» eunuques, a cru pouvoir remplacer la terreur de
» la république, et du joug de fer de l'empire, alors

» ce peuple s'est armé de son intelligence et de son
» courage. Il s'est trouvé que ces *boutiquiers* respi-
» raient assez facilement la fumée de la poudre, et
» qu'il fallait plus de quatre soldats et un caporal
» pour les réduire (1). »

Si le parjure eût triomphé de la loyauté de tout un peuple ; si le pouvoir fût sorti vainqueur de la lutte sanglante dans laquelle il s'était imprudemment engagé, c'en était fait en France de la liberté. Mais celui qui relève et abat les empires quand il lui plaît, celui que Charles X avait pris à témoin de son amour pour la liberté, de son *grand attachement* à la Charte, fit passer la victoire du côté de la justice et de la bonne foi ; et comme s'il eût voulu que cette victoire fût une leçon terrible pour les rois, il lui imprima un caractère de grandeur indélébile : trois jours passés dans le meurtre et le sang, toute une famille de rois précipitée du trône en trois nuits, s'acheminant vers l'exil, délaissée par ceux-là mêmes qui l'avaient poussée dans l'abîme, et tout cela pour n'avoir pas voulu respecter une promesse faite à la terre sur les autels du Dieu qui punit le parjure, *et nunc, reges, intelligite!*

Jamais nation ne fut si promptement débarrassée d'un gouvernement oppresseur et imbécile. Toute-

(1) Discours de Châteaubriand, prononcé à la Chambre des Pairs le 7 août 1830.

fois il était à craindre que l'ordre public ne se trou
vât compromis au milieu d'un pareil bouleverse-
ment. Un instant la France trembla à la seule idée
d'anarchie dont l'absence de toute espèce de force
administrative semblait la menacer. Mais la Chambre
des Députés, dont le langage courageux et la fermeté
toute parlementaire auraient dû montrer à Charles X
combien était dangereux pour lui et pour sa dynastie un coup d'état que rien ne pouvait justifier, pas
même la victoire, en supposant que le peuple héroïque de Paris eût expiré sous les balles des Suisses,
comprit qu'il n'y avait pas un instant à perdre pour
sauver la patrie des horreurs de la guerre civile.
Sentant que le salut de la France réclamait une nouvelle puissance gouvernementale, elle se hâta de
prononcer la déchéance de la branche aînée des
Bourbons, et d'appeler au plus beau trône du monde
le Duc d'Orléans, seul prince vers lequel se portait
le vœu national.

Je sais que quelques hommes mécontens de tout
ce qui se fait sans eux, ont prétendu que la Chambre
des Députés n'avait pas reçu le mandat de créer
ainsi une nouvelle royauté. Fermant les yeux à la
lumière, oubliant quelle était alors la position de la
France, ils jettent aux passions et à l'esprit de parti
les subtilités de l'école, affectant ainsi de ne point
se rappeler qu'il est des circonstances devant lesquelles doivent disparaître les raisonnemens de la

plus rigoureuse logique. Ce que les Députés ont fait, ils pouvaient le faire, ils n'ont fait qu'user dans l'intérêt commun du droit que l'impérieuse nécessité, ici *loi suprême*, donnait aux représentans de la France, droit que nul Français de bon sens, qui n'est point l'esclave d'une faction, ne peut contester, sans être forcé d'avouer que les désordres de toute espèce, que le pillage, l'assassinat, la guerre civile, en un mot, était préférable au respect de la propriété, à la sûreté des citoyens, à la paix publique, au bonheur de la patrie, ce qui serait le comble horrible de l'extravagance humaine. Qui donc oserait le nier ce droit qui nous a sauvés tous, alors que la France entière, dont les Députés étaient les organes légitimes, l'a reconnu, sanctionné par le témoignage de la joie la plus vive? L'avenue du *Roi citoyen* n'a-t-elle pas été regardée par la nation comme l'aurore d'un heureux avenir, comme le gage sincère des libertés publiques? Des députations parties de tous les départemens sont venues le redire aux pieds du trône populaire, et de ce trône sont tombées des paroles auxquelles la France n'était guère accoutumée depuis long-tems. Quelle est la province, quelle est la ville, quel est le simple hameau qui ait élevé la voix pour contester aux Députés la légalité, la légitimité de leur choix?

Je viens de citer des faits qui se sont passés sous nos yeux, et ces faits sont pour moi des preuves irrécusables en faveur du principe sur lequel repose la nouvelle royauté. Maintenant, à des discussions passionnées, à des sophismes politiques présentés sous une forme républicaine, opposons des raisonnemens sans réplique, d'accord avec la constitution du pays.

Le jour où Charles X conçut le coupable projet de porter les ordonnances et de les défendre par le meurtre, un seul pouvoir fut frappé de mort, un seul, celui de la royauté. La Charte n'a pas pu périr, car c'est pour la Charte que le peuple se faisait tuer dans les rues de Paris, car c'est aux cris de *vive la Charte* qu'il s'est montré victorieux. Or, la Chambre des Députés tenait tous ses pouvoirs de cette Charte ; la royauté disparaissant par le fait, elle était donc seule une puissance légale et légitime ; et à moins de dire qu'il était nécessaire qu'une nation civilisée, policée, ayant ses lois, ses usages, ses habitudes, ses mœurs politiques, ne reculât de plusieurs siècles pour aller se jeter dans l'enfance des sociétés, offrant ainsi par sa marche rétrograde le spectacle d'un effroyable chaos, à moins de préférer qu'on eût fait table rase de tout pour reconstruire ensuite le nouvel édifice social sur les débris de l'ancien, ce qui aurait été difficile, pour ne pas dire impossible même aux habiles que je combats, on est forcé de convenir que la Chambre des Députés a pu seule disposer de la souveraine autorité. De deux choses l'une, la constitution devait ou échapper au naufrage, ou bien disparaître avec la royauté de Charles X : dans le premier cas, je réponds que les Députés ont dû s'en emparer, comme de ce qui faisait leur force, comme de la seule planche de salut; dans le second, je prie qu'on veuille bien nous dire qui pouvait lui faire subir le sort de la royauté. Était-ce le peuple ? Mais en imitant l'attentat de Charles X, il n'eût fait que le justifier. Une fois la Charte méconnue, violée par tous, qu'aurait-on mis à sa place, qui aurait eu le droit d'y mettre quelque chose? Les assemblées primaires, va-t-on me répondre, peut-être ! Mais quel pouvoir, sans usurpation, les eût convoquées? aucun ; car là où je ne vois aucune loi, là je ne reconnais aucun pouvoir. La Charte déchirée, foulée aux pieds, toutes les autres lois tombaient avec elle, et ainsi s'accomplissait au milieu de nous cette grande vérité, professée par l'illustre Bossuet, *qu'il est des lois fondamentales qu'on ne peut changer ; qu'en les violant on ébranle tous les fondemens de la terre, après quoi il ne reste plus que la chute des empires.*

La Chambre des Députés n'a agi qu'au nom du peuple et dans l'intérêt du peuple. Elle a compris la grande et noble mission dont elle était chargée, car si d'une main elle a offert la couronne à Louis-Philippe, de l'autre elle a présenté à l'acceptation du nouveau monarque la Charte qu'elle avait cru devoir modifier, et le monarque, en l'acceptant, a juré à la France entière, qui se le rappellera, de l'observer en tout point. Et qui ne sait tout ce que vaut le serment d'un bon prince, qui s'est toujours montré plus ami des besoins du peuple, que des exigences des courtisans ? Ainsi d'un côté une Charte offrant aux libertés publiques de grandes garanties, Charte non plus octroyée comme la première, mais faite par la nation, et présentée par elle à la royauté élective, comme une condition essentielle à son existence ; de l'autre, une monarchie constitutionnelle créée encore par la nation, seule forme de gouvernement, je ne crains pas de le dire, qui puisse convenir à la France, et de laquelle seule elle pouvait espérer son salut. Voilà ce qu'a fait la Chambre des Députés ; n'est-ce rien ?

Je ne sais quel génie malfaisant a tout-à-coup soufflé sur nous l'esprit de discorde ; mais voyez : à peine le nouveau gouvernement avait-il saisi les rênes de l'État, qu'il s'est vu violemment contrarié dans sa marche par des hommes qui avaient le plus applaudi aux journées de juillet, et battu des mains à la chute du roi parjure. Les mêmes craintes, les mêmes méfiances qui suivaient naguère tous les mouvemens de l'ancien pouvoir se sont élevées contre le gouvernement de Louis-Philippe Ier. Après avoir refusé à la Chambre le droit de continuer ses délibérations, si souvent troublées par quelques agitateurs sans aveu, on allait, pour ainsi dire, faire sentinelle aux portes du Palais-Royal, afin de pouvoir de plus près censurer amèrement les actes de la nouvelle administration. Vous eussiez cru voir des citoyens qui, regrettant l'ancien ordre de choses, se hâtaient de briser eux-mêmes ce qu'ils venaient de construire de leurs propres mains.

Pourquoi faut-il que des opinions alarmantes, di-sons-le, aient été jetées au milieu de nos débats po-litiques ? Était-il nécessaire, je le demande, que la tribune retentît des accens d'une éloquence passion-née que la France n'a pu écouter avec calme ? Devions-nous nous attendre à voir des hommes de juillet s'éloigner et courir planter leurs drapeaux dans un camp ennemi, alors que l'intérêt de la patrie nous faisait à tous un devoir rigoureux de nous presser avec confiance autour du nouveau trône ? Ceux qui nous ont montré une telle méfiance sont-ils bien sûrs d'avoir rempli leurs mandats ? Si nous voulions cher-cher quels ont pu être les motifs d'une telle con-duite parlementaire, de ce peu d'empressement à fortifier ce qui venait d'être fondé, de cette scission faite avec le gouvernement, de cette violente et sys-tématique opposition, de ces discussions acerbes et bruyantes que rien ne justifie, ne pourrions-nous pas les trouver ces motifs dans quelques ambitions déçues, dans quelques amours-propres froissés, dans quelques espérances trompées ? Où trouver autre part les causes qui ont donné naissance à ces projets que je n'hésite pas à qualifier de désastreux, qui ne tendent qu'à mettre un État dans l'État, qu'à paralyser plus tard tous les actes du pouvoir, et dont la seule apparition a suffi pour attrister l'industrie, diminuer la confiance, et produire ces émeutes populaires dont le commerce a eu à souffrir toutes les fois qu'elles se sont renouvelées.

A peine les vaincus avaient-ils jeté les armes et pris la malle-poste, qu'on a voulu partager les vainqueurs en deux classes. Alors que les pensées et les efforts de tous ne devaient tendre qu'à la prospérité commune, qu'à raffermir sur sa base le nouveau trône, il s'en est trouvé qui, impatiens de faire halte sur les débris de tous les trônes de l'Europe, voulaient pousser plus avant leurs conquêtes. Les mots de *mouvement* et de *résistance* ont été prononcés, et, à dire vrai, ces mots expriment, non point seulement une idée, mais bien un fait. Hommes du *mouvement,* hier vous nous criiez : « Citoyens, soyons unis ; car de l'union naît la force. » Eh bien ! oui, de l'union naît la force ; mais cette union que vous nous vantiez tant, qui de nous désire maintenant de la voir cesser ? Pensez-vous qu'elle ne soit pas aussi nécessaire pour reconstruire que pour démolir ? Le sol est encore ébranlé sous nos pas et vous nous criez : *marchons !* Ah ! quand le vaisseau fait eau de toutes parts, n'est-ce pas folie que de vouloir mettre à la voile et gagner la pleine mer ?

Égarés par un excès de philantropie, ou trompés par des théories brillantes peut-être, mais en opposition directe avec l'ordre social, théories qu'une jeune imagination pourrait seule faire excuser, des hommes semblent s'être constitués, en France, les défenseurs enthousiastes de tous les peuples de la terre qui n'ont point le bonheur de vivre sous un gouvernement constitutionnel. Sans doute on ne peut pas trouver mauvais que des Français souhaitent à telle ou telle nation plus de liberté et moins d'oppression : quiconque a un cœur d'homme applaudit à de tels sentimens. Mais là se borne, je crois, le devoir d'un bon citoyen : prétendre que le gouvernement français doive, à ses risques et périls, soutenir et défendre la nation qui, comme nous, voudra renverser son roi, changer les lois qui la régissent; vouloir le pousser à toute force à faire une guerre générale, c'est vouloir exposer son propre pays à tous les hasards des combats, à toutes les calamités que la guerre traîne après elle, c'est ne pas aimer sa patrie. Non, mille fois non, la France n'a point couru aux armes pour détrôner tel ou tel souverain de l'Europe, mais seulement pour conquérir sa liberté qu'on voulait lui ravir; et les héros de juillet n'ont jamais pris l'engagement d'aller cueillir de nouveaux lauriers ailleurs que sur le sol de la patrie.

Et puis, qu'on y songe bien, il faut du tems pour

qu'un peuple puisse se convaincre des droits de citoyen. Nous-mêmes, si, pendant quinze ans, n'eussions pas vécu sous un gouvernement représentatif,
qui peut dire qu'à cette heure nous ne serions pas
les sujets du pouvoir absolu? Qui peut dire que Paris eût combattu avec ce courage opiniâtre qu'a
donné au peuple la conscience des droits les plus
saints indignement méconnus? Ah! lorsqu'une nation
sent à ce point toute la honte de l'esclavage, elle
mérite de vivre libre et n'a pas besoin d'auxiliaires
pour le devenir. Oui, désormais les Français sont
dignes d'être appelés les enfans de la liberté, comme,
il y a vingt ans, on les appelait, sous le despotisme
impérial, les enfans de la victoire : la gloire d'aujourd'hui vaut bien celle d'hier.

Laissons l'Europe accomplir elle-même toute sa
destinée ; elle marche à pas de géant dans la car-
rière des améliorations politiques, dont les hommes
sages sentent et proclament la nécessité. L'œil de
l'observateur la surprend travaillée, comme malgré
elle, du besoin de changer le système des souve-
rains. Les peuples, plus éclairés, se montrent chaque jour moins disposés à se laisser gouverner d'a-
près le système du *bon plaisir*. Et vainement les rois
chercheraient-ils à étouffer cet instinct d'un meilleur
avenir vers lequel s'élancent leurs sujets, avec l'es-
poir de l'atteindre; tous leurs efforts seraient im-
puissans contre cette force morale, qui n'est que le

résultat nécessaire des progrès de l'esprit humain, et contre laquelle la force matérielle des potentats viendrait se briser infailliblement. Ils ne doivent pas même le tenter. Ils peuvent tout au plus, et c'est leur devoir, imprimer à cette force morale une marche graduelle, et calmer, par une politique loyale et populaire, ces craintes, ces inquiétudes qui murmurent autour d'eux. Qu'ils n'oublient pas tout ce qu'a de funeste pour la royauté cette vieille politique, qui a bien pu paraître bonne et salutaire à leurs prédécesseurs, parce qu'alors les peuples savaient la respecter et s'y soumettre ; mais dont les peuples ne veulent plus aujourd'hui, parce qu'elle n'est plus en harmonie avec les idées du siècle, avec les besoins nouveaux de la société, et qu'elle n'offre plus les garanties que réclament les libertés publiques. Courtisans flatteurs, vous qui, élevés loin du peuple, n'en connaissez ni la misère ni la force, cessez d'endormir votre maître au bord du précipice ; montrez-lui l'abîme entr'ouvert et empêchez qu'il n'y tombe. Vous croyez peut-être servir la royauté en la retenant toujours à la même place. Imprudens ! vous ne vous apercevez pas que, si elle ne marche avec le siècle, elle s'expose à périr dans un affreux abandon. Revenons.

Ce peuple dont la liberté vous est si chère, dirai-je à ceux qui crient sans cesse : la guerre! la guerre! ce peuple auquel vous voudriez donner un gouvernement, dont il ne veut peut-être pas, n'aura pas besoin de vous le jour où il croira ses chaînes trop pesantes : il se lèvera soudain, et le despotisme, honteux de se trouver si faible, sera forcé de demander grâce et de crier merci. La raison en est, qu'un peuple qui combat pour la liberté, bien convaincu de tout ce que ce mot renferme, est un peuple de héros invincibles. L'histoire nous en fournit de nombreux exemples; et, de nos jours, voyez la Grèce, voyez l'héroïque Pologne aux prises avec le colosse du Nord. Hier encore, les nations qui l'admirent la croyaient à deux doigts de sa perte; elles s'imaginaient entendre le canon de Diebitsch annoncer l'agonie de Varsovie. Eh bien! déjà la Pologne a fait sentir à Diebitsch tout ce qu'il lui en coûterait de braves pour soumettre un peuple qui se bat pour la plus juste et la plus sainte des causes; et Diebitsch a fait sonner la retraite. A l'heure qu'il est, on peut affirmer, je crois, ou que la Pologne forcera, par son héroïsme et son beau désespoir, le czar à reconnaître ses droits et à la laisser vivre libre, ou qu'elle périra plutôt que de retomber sous la main de fer de son ancien maître. La Pologne, poussée à bout, va nous offrir bientôt le magnifique spectacle d'un peuple rendu à la liberté, ou le hideux et révoltant aspect d'un vaste cimetière. Les Polonais peuvent bien être exterminés, mais on ne saurait les vaincre; car ils ont crié à leurs oppresseurs qu'ils préféraient la mort à l'esclavage. L'empereur Nicolas voudrait-il donc régner sur des ruines et des ossemens ? qui le sait!

Quoi qu'il en soit, la France fait des vœux pour nos anciens frères d'armes. Des vœux! répond-on ; est-ce là tout ? La Pologne réclame nos bras pour la défendre ; pourquoi le gouvernement de Louis-Philippe Iᵉʳ ne fait-il pas marcher nos phalanges vers ce sol ami?

En politique, il faut se méfier un peu des sentimens du cœur, si l'on veut éviter de faire bien des fautes ; une raison calme, froide même, est préférable ici aux émotions de l'ame. Les personnes qui demandent que la France prenne fait et cause pour la Pologne ont-elles bien médité les conséquences funestes de leur prétention? ont-elles bien songé aux quatre cents lieues qui nous en séparent , aux pays que nos armées seraient obligées de traverser, aux combats nombreux qu'il faudrait livrer, avant de pouvoir montrer aux braves Polonais le vieux drapeau sous lequel ils ont combattu avec tant de gloire? Non, la Pologne elle-même n'espère pas de nous un pareil sacrifice ; et l'espérerait-elle, que nous devrions le lui refuser, sans craindre que l'histoire flétrît un jour notre amour de la liberté et notre sympathie pour un peuple malheureux. Quoi! est-ce au moment où tout est à refaire au milieu de nous, que l'on voudrait jeter la France dans une guerre générale? Mais la guerre, je le demande, ranimera-t-elle le commerce paralysé, fera-t-elle renaître la confiance presque mourante, développera-t-elle l'industrie, ce premier besoin de la France? Ah! si elle ne peut produire aucun de ces biens, je demande encore quel sera le sort de cette belle France, et ce que deviendra sa prospérité, que nous ne pouvons attendre que de la paix. — Mais *si* nos armées sont victorieuses... Je vous entends, grands patriotes : ainsi, vous qui, sur un *si*, ne hasarderiez pas la centième partie de votre fortune peut-être, vous voudriez, vous, qu'on risquât la fortune publique. Étrange patriotisme qu'est le vôtre !

Parlerai-je aussi de l'Italie, de laquelle on a tant parlé? Ici encore, les mêmes reproches ont été adressés au gouvernement et aux Chambres. Je ne nie point que d'imprudentes promesses n'aient pu être faites aux chefs des Italiens révoltés ; mais par qui ces promesses ont-elles été faites? Par les Chambres? non, elles ne le pouvaient pas. Par le gouvernement? non. Eh bien! que les insensés qui par leurs conseils ou tous autres moyens ont révolutionné les provinces de l'Italie supportent seuls la honte d'avoir sacrifié, de gaîté de cœur, des hommes qu'ils savaient ne pouvoir pas secourir une fois mis en présence des armées autrichiennes. Mais que les habitans de Modène, jetés dans les cachots, n'accusent ni la France ni le gouvernement de Louis-Philippe Ier; car ni la France ni le gouvernement ne leur ont rien promis : il serait trop injuste de reconnaître à quelques hommes le droit de pouvoir disposer ainsi des destinées et de l'honneur de la France.

Un fait qui aurait dû sauver le gouvernement de Louis-Philippe Ier des plaintes amères, j'ai presque dit des violentes diatribes dont il a été l'objet, est sa conduite à l'égard de la Belgique. Profondément convaincu que la paix, et la paix seule, pouvait donner à la France cette prospérité dont elle a besoin, le roi des Français, par amour pour son pays, a refusé le trône que le peuple belge avait offert à son second fils ; mais il n'a pas abandonné la cause des Belges. C'est au langage ferme et loyal du gouvernement français que la Belgique doit son indépendance et sa liberté. Louis-Philippe Ier saura, lorsque les circonstances l'exigeront, défendre l'honneur national, et faire respecter les traités nouvellement conclus en faveur de la Belgique. Mais ne soyons pas plus Belges que les Belges eux-mêmes : ne nous montrons pas plus impatiens qu'eux. L'arme au bras, ils observent leurs ennemis ; pourquoi voudrait-on que nous allassions nous-mêmes commencer le feu ?

« Si le gouvernement ne veut pas la guerre, continuent les partisans du *mouvement* ; si la France ne commence les hostilités, l'Europe ne tardera pas à prendre l'offensive ; » et ils trouvent la preuve de leur allégation dans les armemens que font nos voisins. J'ignore ce qui se passe dans le conseil des rois de l'Europe ; j'ignore si leur dessein est de nous faire la guerre ; mais, dans tous les cas, la France ne sera pas prise au dépourvu. Grâce au zèle infatigable de l'habile maréchal à qui le ministère de la guerre a été confié, nous pouvons opposer, en ce moment, une armée de cinq cent mille hommes bien armés, bien disciplinés, et tout prêts à bivouaquer; plus un million de gardes nationaux, non moins dévoués. En est-ce assez pour repousser les étrangers, si jamais l'envie leur venait de tenter une troisième invasion. A ce mot d'*invasion*, quel cœur français ne bondit de colère? Où est le citoyen qui refusât de prendre les armes, et, à défaut de fusil, ne s'emparât d'une fourche? Ici, toutes les opinions doivent disparaître, pour faire place à l'amour de la patrie menacée. Vivre libre ou mourir! serait le cri qui retentirait d'un bout de la France à l'autre. Que l'Europe tire donc l'épée du fourreau quand il lui plaira : son attitude menaçante ne nous effraiera pas plus que les décharges des Suisses n'effrayaient, au mois de juillet, nos enfans de quatorze ans. Mais non, l'Europe n'oubliera pas que « nos écoliers à » Paris, nos conscrits à Alger viennent de *lui* révé- » ler les fils des vainqueurs d'Austerlitz, de Ma- » rengo et d'Iéna; mais les fils fortifiés de tout ce » que la liberté ajoute à la gloire (1). »

Que les hommes du *mouvement* cessent donc de soulever les passions, d'égarer les esprits par leurs craintes, leurs doléances qui, sans cesse renouvelées, font injure à la nation. La France, toujours

---

(1) Châteaubriand, même discours.

fidèle au roi qu'elle s'est choisi, se couvrira de ses armes, et entonnant une marche guerrière, elle viendra avec fierté se ranger sous le drapeau trico-lore, lorsque ce roi citoyen lui aura dit que, cette fois, la guerre est juste et légitime. Mais jusqu'à ce que Louis-Philippe Ier nous ait crié : aux armes ! car à lui seul appartient le droit de déclarer la guerre (Charte de 1830, art. 13), la France doit s'étonner du langage de quelques-uns de ses représentans. Rien n'autorisait ce langage qui a été jeté plus d'une fois au milieu des discussions de la Chambre des Députés, comme un principe de discorde. Ce ne sont point les intérêts du pays, car il est prouvé, il est reconnu que le pays espère plus de la paix que de la guerre. D'ailleurs, je préfère m'en rapporter, à cet égard, au zèle éclairé de ceux qui ont consacré leur vie politique à la défense de ces mêmes intérêts, et dont toutes les affections furent toujours pour la royauté constitutionnelle, et non pour la répu-blique.

Louis-Philippe Ier vient de proroger les Cham-bres. L'ordonnance de dissolution ne tardera pas à paraître. Électeurs anciens, électeurs nouveaux, une grande question va vous être soumise ; voyez si vous voulez détruire ou conserver la nouvelle monarchie, et n'oubliez pas que l'une ou l'autre chose arrivera par le choix que vous ferez de vos mandataires : pénétrez-vous bien de la mission que vous allez remplir ; réfléchissez surtout aux conséquences de votre vote, et, la main sur la conscience, demandez-vous quels sont les Députés que la France et la royauté élective attendent de vous. Électeurs, le salut de la patrie est tout entier dans cette question. Mais, pour bien la résoudre, jetons encore un coup d'œil sur le passé.

Lorsque le ministère de la bêtise et de la tyrannie s'empara du timon des affaires, la Chambre des Députés comprit, mieux que jamais peut-être, tout ce qu'il lui fallait de zèle, de patriotisme et de persévérance pour sauver la Charte de la mort dont elle était menacée. J'en appelle ici à ceux-là mêmes qui se constituent gratuitement aujourd'hui les organes de l'opinion publique, et qui paraissent avoir trop tôt oublié les éloges mérités qu'ils donnaient, il y a quelques jours, aux 221. Ne reconnaissaient-ils pas alors que le salut de la France et de ses libertés reposait entre les mains des Députés qu'ils s'efforcent, mais en vain, de dépopulariser? Chaque feuille libérale n'était-elle pas devenue, pour ainsi dire, l'écho de cette consciencieuse opposition, de ces discours pleins d'éloquence et de patriotisme, auxquels la France applaudissait comme à des signes certains de sa délivrance prochaine? Les espérances de la nation ont-elles été trompées? N'est-ce pas la Chambre des Députés qui, par une courageuse résistance, nous a délivrés de cette administration, assemblage monstrueux d'ignorance et d'immoralité, d'hypocrisie et de haine pour la liberté?

Où sont les insensés qui comptaient pouvoir remplacer la Charte par des ordonnances ? Au château de Ham, ou en exil ! Parlons sans passion ; ne nous laissons point aveugler par l'esprit de parti et en présence des faits que nul ne peut nier, reconnaissons que c'est à la Chambre des Députés que nous devons tout ce que nous sommes. La première, elle a donné au peuple l'exemple de la résistance, car elle protestait, elle faisait tête au despotisme, avant même que le peuple eût brûlé une amorce ; et lorsque le peuple chargeait le mousquet et se faisait tuer dans les rues de Paris pour la constitution, elle le soutenait de toute la puissance que lui donnait la Charte. Elle ne s'est laissée ni corrompre par le pouvoir, ni, plus tard, intimider par la menace ; tranquille au milieu des ruines, c'est entourée de cadavres, qu'elle a fondé, sur les débris d'un trône, aux pieds duquel se réfugiaient d'insolens courtisans, d'où ils insultaient aux droits et aux misères du peuple, un nouveau trône où le peuple est sûr de trouver justice et protection. Souvenons-nous de ce que nous étions le 26 juillet, et n'oublions pas ce que nous sommes aujourd'hui. Hier nous entendions murmurer à nos oreilles les mots d'*immuable résolution*, de cours prévôtales, d'esclavage de la presse ; le cœur oppressé par un douloureux présent, nous ignorions quel serait notre avenir ; nous espérions sans doute, mais enfin nul de nous n'était sûr que la victoire serait de notre côté. Aujourd'hui nous jouissons de plus de liberté que nous n'eussions pu nous en promettre il y a quelques mois, et cette liberté est notre ouvrage ; la Charte octroyée a été remplacée par la Charte imposée ; au droit divin que nous avons vu rejeté naguère par les défenseurs les plus dévoués de la légitimité, a succédé un droit aussi ancien que le monde , parce qu'il prend sa source dans la nature même , qu'il a pour lui la sanction de la divinité, et que j'appellerai , moi, le droit divin par excellence , *la souveraineté du peuple.* Nous possédons des lois communales que nous avions vainement demandées pendant quinze ans, bien que, plus d'une fois, elles nous eussent été promises. Plus de double vote ; une loi électorale plus populaire que celle que nous avions ; les élections purgées de toutes ces ignobles fraudes qui , seules , auraient suffi pour couvrir l'ancien gouvernement d'un opprobre ineffaçable. Sans doute la société réclame d'autres lois, elles nous ont été promises et nous devons les obtenir comme une conséquence nécessaire de la nouvelle Charte qui , désormais, doit être une vérité. Mais soyons justes, et que ce qui reste à faire ne nous fasse pas oublier ce qui est fait.

Les hommes que je combats, les mêmes qui refusaient à la Chambre le droit de reconstruire l'édifice social, répètent, depuis quelques mois, qu'une telle Chambre ne répond point aux besoins du pays, qu'elle n'a pas compris la révolution de juillet, et croyent avoir tout dit en l'accusant de vouloir nous faire faire halte dans la boue. Ils trouveraient, eux, plus patriotique de nous faire faire halte dans des flots de sang. Ils ne rêvent que la république, nous en menacent, nous la montrent à nos portes, et jurent en l'attendant fidélité à Louis-Philippe Ier. Fiers de ce prétendu programme de l'Hôtel-de-Ville, dont ils ont fait grand bruit, ils le jettent sans cesse à la tête du gouvernement, espérant de l'effrayer avec si peu de chose. Ils ne respirent que la guerre, la demandent hautement, non qu'ils craignent que la paix soit funeste à la France, ils sont trop éclairés pour cela, mais parce qu'ils comptent que la guerre leur offrirait plus de moyens d'arriver à leur but.

Que répondent leurs adversaires franchement attachés à la monarchie élective ? Ils disent que la France saura leur tenir compte de ce qu'ils ont fait pour elle. Satisfaits d'avoir ramené parmi nous l'ordre, comprimé l'anarchie, ils pensent qu'il est de l'intérêt de tous, de protéger le trône de Louis-Philippe Ier, et de repousser loin, bien loin de lui tout ce qui pourrait y porter la moindre atteinte. Au programme de l'Hôtel-de-Ville, si tant est qu'il ait jamais existé, où seraient consignées les promesses faites par le Duc d'Orléans, ils opposent avec raison les promesses bien autrement authentiques, bien autrement constitutionnelles que Louis-Philippe Ier, a faites, non pas seulement à quelques Français, mais à la France entière, promesses qu'il a rappelées lui-même dans son discours de proro-

gation, et que je me plais à citer ici. « Huit mois
» se sont écoulés, a dit le Roi des Français, depuis
» que, dans cette enceinte et en votre présence,
» j'ai accepté le trône auquel m'appelait le vœu na-
» tional dont vous fûtes les organes, et que j'ai juré
» *d'observer fidèlement la Charte constitutionnelle*
» *avec les modifications exprimées dans la déclaration*
» *du 7 août 1830, de ne gouverner que par les lois*
» *et selon les lois, de faire rendre bonne et exacte*
» *justice à chacun selon son droit, et d'agir en toute*
» *chose dans la seule vue de l'intérêt, du bonheur et*
» *de la gloire du peuple.* Je vous disais alors que,
» *profondément pénétré de toute l'étendue des devoirs*
» *que m'imposait ce grand acte, j'avais la conscience*
» *que je les remplirais, et que c'était avec pleine con-*
» *viction que j'acceptais le pacte d'alliance qui m'était*
» *proposé.* »

Voilà les promesses éminemment populaires qui
ont été faites à la nation par le monarque de son
choix. La France n'en connaît point d'autres, et
dans celles-ci elle trouve le témoignage solennel de
tout ce qui peut la rendre heureuse et prospère.

Électeurs, c'est à vous qu'il appartient de prononcer de quel côté se trouvent la vérité, la justice,
la bonne foi et l'amour de la patrie. Dites, si la
France voit, sans se plaindre, notre gouvernement
et la Charte constitutionnelle mis tous les jours en
question. Dites ce que la nation peut espérer des
hommes qui condamnent aujourd'hui ce qu'ils ap-

prouvaient hier : examinez en vous-mêmes d'où naît une apostasie si subite. Proclamez par vos votes s'il ne serait pas tems, après la tempête que nous venons d'essuyer, de vivre tranquilles au port que nous avons atteint à force de persévérance et de peines. Électeurs, ne vous y trompez pas ; de votre concours dépend la perte ou le salut de la nouvelle monarchie, et partant de la France, car le jour où le parti que je signale donnera l'impulsion au gouvernement, ce jour là nous serons en république, et pour nous la république c'est l'anarchie.

Sans doute il faut que la France soit dignement représentée. Mais est-ce bien représenter la France, est-ce bien comprendre ses intérêts que de chercher à entraver la marche du gouvernement; que de vouloir le jeter dans des voies dans lesquelles le salut de la France lui défend de s'engager; que de vouloir lui imposer des systèmes de coterie ou de faction; que de vouloir, par des associations anti-sociales, établir un État dans l'État; que de vouloir, enfin, sacrifier à des ambitions déçues, à des amours-propres froissés, l'avenir de la patrie? Nous ne sommes plus sous le régime de la Charte octroyée; nous ne vivons plus sous la domination du jésuitisme et de la congrégation : nous avons placé à notre tête un Roi qui aime le peuple, la France le sait ; elle aura donc foi en ses paroles.

Le pays a besoin d'être représenté par des députés dévoués aux intérêts généraux, à la nouvelle dynastie , et non à toute autre espèce d'intérêts ni de pouvoir. Que nos mandataires appuient le gouvernement toutes les fois qu'il agira pour la prospérité et la gloire de la France ; qu'ils l'observent, qu'ils l'avertissent lorsqu'il s'écartera de cette ligne ; qu'ils réclament, la Charte à la main, les lois qui nous ont été promises , et en tête desquelles j'inscrirai la liberté de l'enseignement, d'où découlent toutes les autres , et que pour cette raison j'appellerai *la liberté mère* ; qu'ils repoussent avec une courageuse franchise , toute loi d'impôts, dont la nécessité ne leur serait pas bien démontrée : qu'ils signalent à l'attention du gouvernement tout ce qui pourrait au dedans troubler la tranquillité publique ; qu'ils frappent sans pitié tout système politique mis à exécution qui pourrait tendre à affaiblir les prérogatives que la royauté élective tient de la constitution. Tels sont les députés que la France, lasse de nouvelles secousses, ayant soif d'ordre et de paix , attend avec confiance.

Ne nous laissons pas égarer par ces brillantes théories qui nous apparaissent comme des chimères quand nous voulons les méditer. Dans le silence des passions et des préjugés faisons la part de toutes ces utopies qui surgissent comme de dessous terre à la suite d'une révolution politique. Fermons l'oreille aux discours de ces éloquens tribuns, qui s'en vont criant sans cesse aux peuples, qu'il ne saurait y avoir pour eux de liberté assurée, tant qu'un trône restera debout en Europe ; véritables fléaux des sociétés humaines, dont les doctrines ne tendent qu'à tout bouleverser, qu'à entasser ruines sur ruines ; dont la politique ne ferait d'un peuple qu'un assemblage d'hommes pour qui la liberté serait l'oppression, le bonheur, l'anarchie ; flattant les passions populaires pour mieux les diriger et s'en faire obéir ; vantant beaucoup leur philantropie, alors même qu'une sordide ambition les dévore ; parlant toujours au peuple de ses droits et jamais de ses devoirs ; censurant, critiquant amèrement toute espèce d'autorité, parce qu'ils la voudraient toute pour eux seuls.

Je le dis avec une conviction profonde : en aucun tems la France n'eut de gouvernement plus capable de répondre aux besoins de la société. Accoutumés à nous méfier d'un pouvoir hypocrite et mensonger, ayons confiance dans le pouvoir que nous avons nous-mêmes créé et qui ne l'oubliera point. Électeurs, groupons-nous aux pieds du trône de Louis-Philippe Ier ; prouvons par la majorité de nos suffrages qu'un sentiment commun nous anime, l'amour de la patrie et du Roi-Citoyen ; et que de l'urne électorale les partisans de Henri V et de la république voient sortir l'arrêt de mort de leurs chimériques espérances.

FIN.